世界博物館奇妙之旅

羅浮宮博物館

奇遇達文西

徐曉燕 / 著　布克布克 / 繪

U0061785

羅浮宮博物館位於法國巴黎市中心，在塞納河的北岸，是世界著名的藝術殿堂。羅浮宮原是法國的王宮，有 50 位法國國王和王后曾在此居住，是法國文藝復興時期最珍貴的建築物之一。羅浮宮共收藏來自世界各地的藝術珍品四十餘萬件，有六大展館對公眾開放，即東方藝術館、古希臘及古羅馬藝術館、古埃及藝術館、珍寶館、繪畫館及雕塑館，其中繪畫館展品最多，佔地面積最大。

中華教育

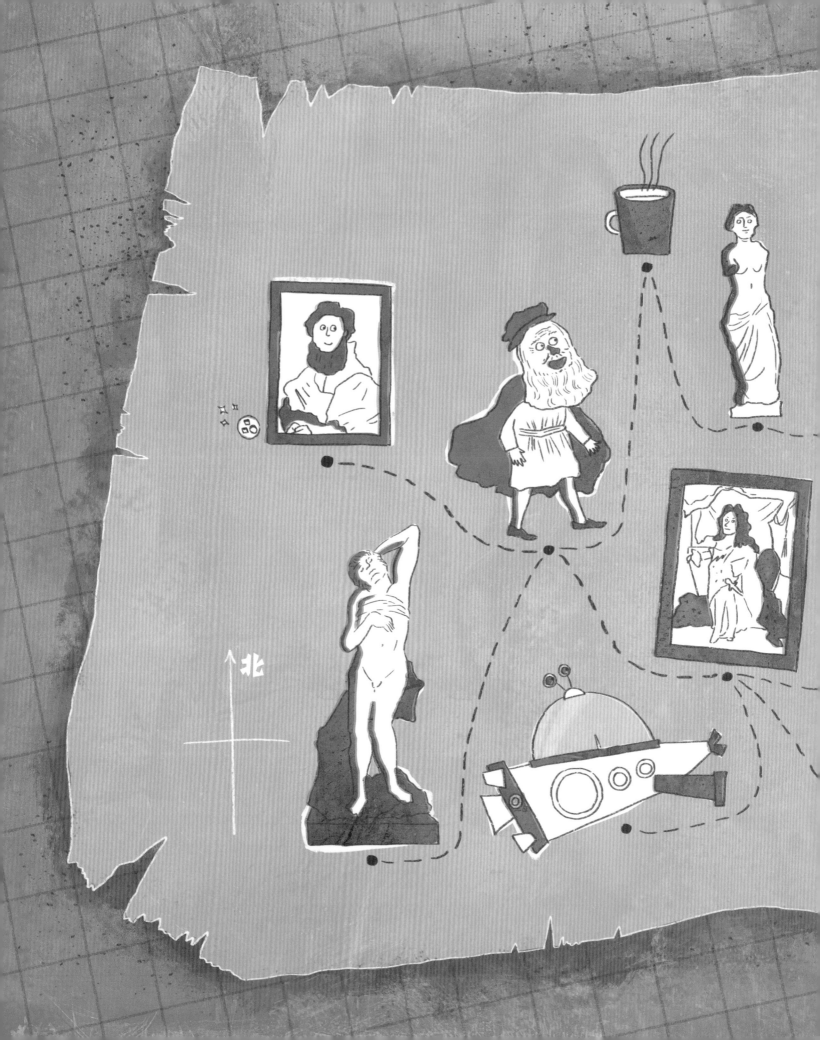

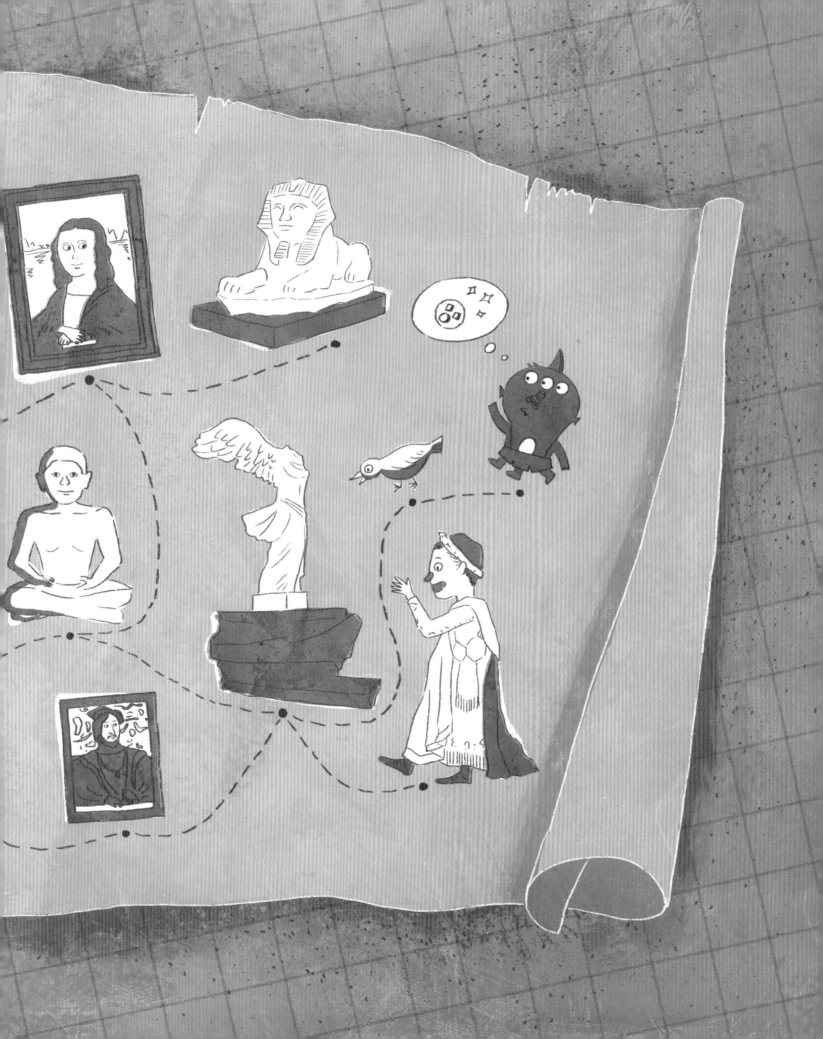

故事 榮譽出品

- -

北京漫天下風采傳媒文化有限公司

責任編輯：劉可有
裝幀設計：鄧佩儀
排版：鄧佩儀
印務：劉漢舉

世界博物館奇妙之旅

羅浮宮博物館
奇遇達文西

徐曉燕 / 著　布克布克 / 繪

出版｜中華教育
香港北角英皇道 499 號北角工業大廈 1 樓 B 室
電話：(852) 2137 2338　傳真：(852) 2713 8202
電子郵件：info@chunghwabook.com.hk
網址：http://www.chunghwabook.com.hk

發行｜香港聯合書刊物流有限公司
香港新界荃灣德士古道 220-248 號 荃灣工業中心 16 樓
電話：(852) 2150 2100　傳真：(852) 2407 3062
電子郵件：info@suplogistics.com.hk

印刷｜高科技印刷集團有限公司
香港葵涌和宜合道 109 號長榮工業大廈 6 樓

版次｜2021 年 12 月第 1 版第 1 次印刷
©2021 中華教育

規格｜16 開 (235mm x 275mm)

ISBN｜978-988-8760-30-5

© 本書中文簡體版由浙江教育出版社在中國內地出版，中文繁體版由北京漫天下風采傳媒文化有限公司
　授權浙江教育出版社集團有限公司代理，授權中華書局 (香港) 有限公司在中國大陸以外地區出版發行。
　未經許可，不得轉載、複製。

小怪獸烏拉拉 來自米爾星的外星小怪獸,擁有獨特的外形特徵:頭上長角,三隻眼睛,三條腿,鼻子上有條紋⋯⋯他個性活潑,調皮可愛,想像力豐富,好奇心極強,喜歡自己動腦筋解決問題。

 藍莫和艾莉 小怪獸烏拉拉的爸爸和媽媽,他們和小怪獸烏拉拉一起乘坐芝士飛船來到地球。

 芝士飛船 小怪獸烏拉拉的座駕,同時也是他的玩伴。芝士飛船能變身成不同的交通工具:芝士潛艇、芝士汽車⋯⋯它還有網絡檢索、穿越時空、瞬間轉移、變化大小等功能。這些神奇的功能幫助小怪獸烏拉拉在地球上完成各種奇妙的探險之旅。

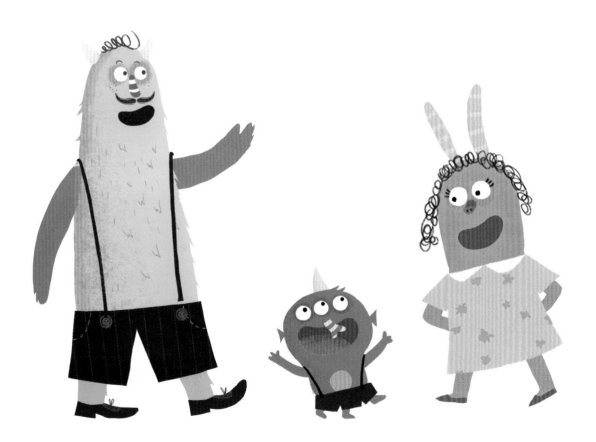

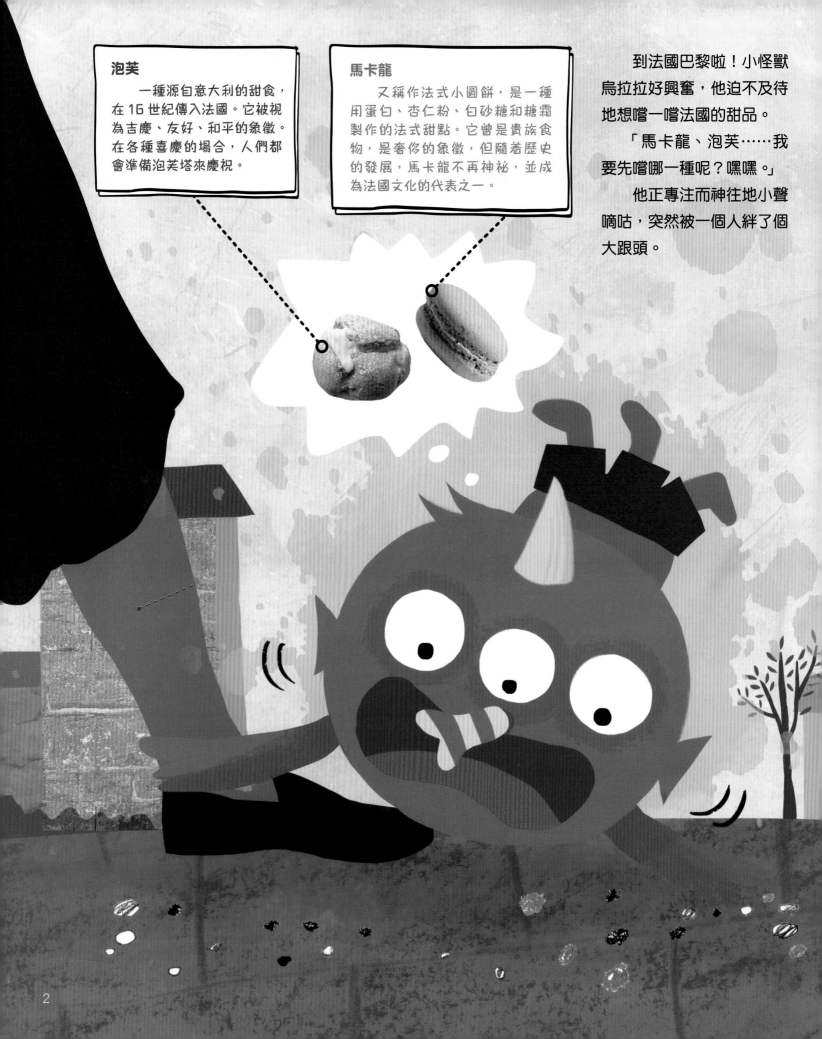

泡芙

一種源自意大利的甜食，在16世紀傳入法國。它被視為吉慶、友好、和平的象徵。在各種喜慶的場合，人們都會準備泡芙塔來慶祝。

馬卡龍

又稱作法式小圓餅，是一種用蛋白、杏仁粉、白砂糖和糖霜製作的法式甜點。它曾是貴族食物，是奢侈的象徵，但隨着歷史的發展，馬卡龍不再神祕，並成為法國文化的代表之一。

到法國巴黎啦！小怪獸烏拉拉好興奮，他迫不及待地想嚐一嚐法國的甜品。

「馬卡龍、泡芙⋯⋯我要先嚐哪一種呢？嘿嘿。」

他正專注而神往地小聲嘀咕，突然被一個人絆了個大跟頭。

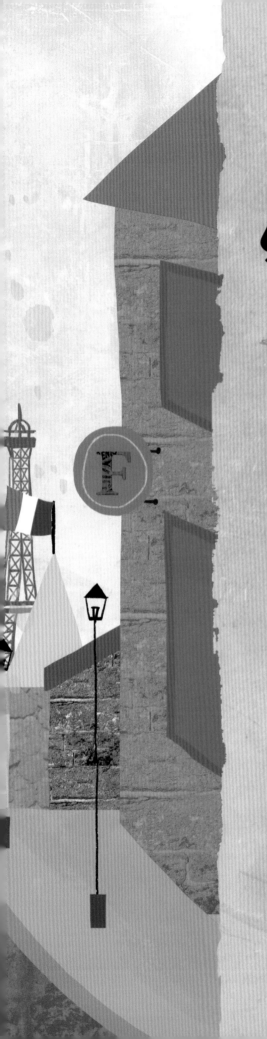

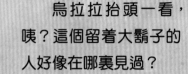

達文西

　　意大利著名畫家、科學家，與拉斐爾、米開朗基羅並稱意大利「文藝復興三傑」，也是整個歐洲文藝復興時期的代表人物之一。他學識淵博、多才多藝，是人類歷史上少有的全才。他留給後世最寶貴的財富是繪畫作品，他的《蒙娜麗莎》《最後的晚餐》是世界美術史上少有的傑作。

　　烏拉拉抬頭一看，咦？這個留着大鬍子的人好像在哪裏見過？

　　「啊！難道是你！你⋯⋯500 年前的達文西怎麼會在這裏？」小怪獸烏拉拉驚訝地叫了起來。

　　「說來話長，這些年我一直住在其他星球上，這次回來是想找到我的手稿。對了，還有一些畫也被我留在了巴黎，不知道它們現在在哪裏。」

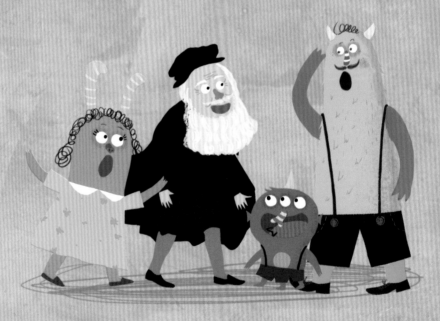

　　「我知道！」小怪獸烏拉拉興奮地拉起達文西的手狂奔起來，他甚至忘了可以乘坐芝士飛船⋯⋯

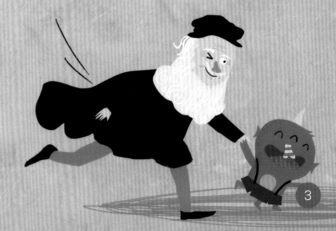

他們一口氣跑到了羅浮宮的廣場，由於跑得太急了，小怪獸烏拉拉和達文西都累得氣喘吁吁，一屁股坐在了地上。爸爸藍莫和媽媽艾莉也坐着芝士飛船趕來了。

「你的畫就在這座博物館裏，不過好像閉館了……」

沒等他說完，達文西就從隨身攜帶的大口袋裏摸出一個閃閃發亮的小圓球：

「這幾百年來我一直在研究各種發明，現在我要試驗一下……」說着，他按了上面的一個按鈕，「嗖」的一下，大家已經在羅浮宮的大廳裏了。

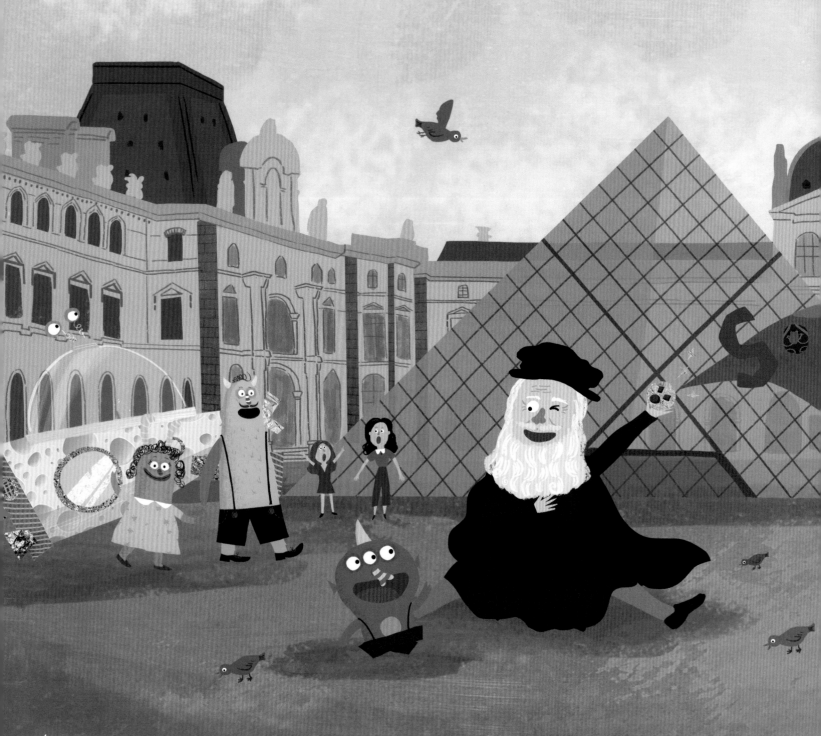

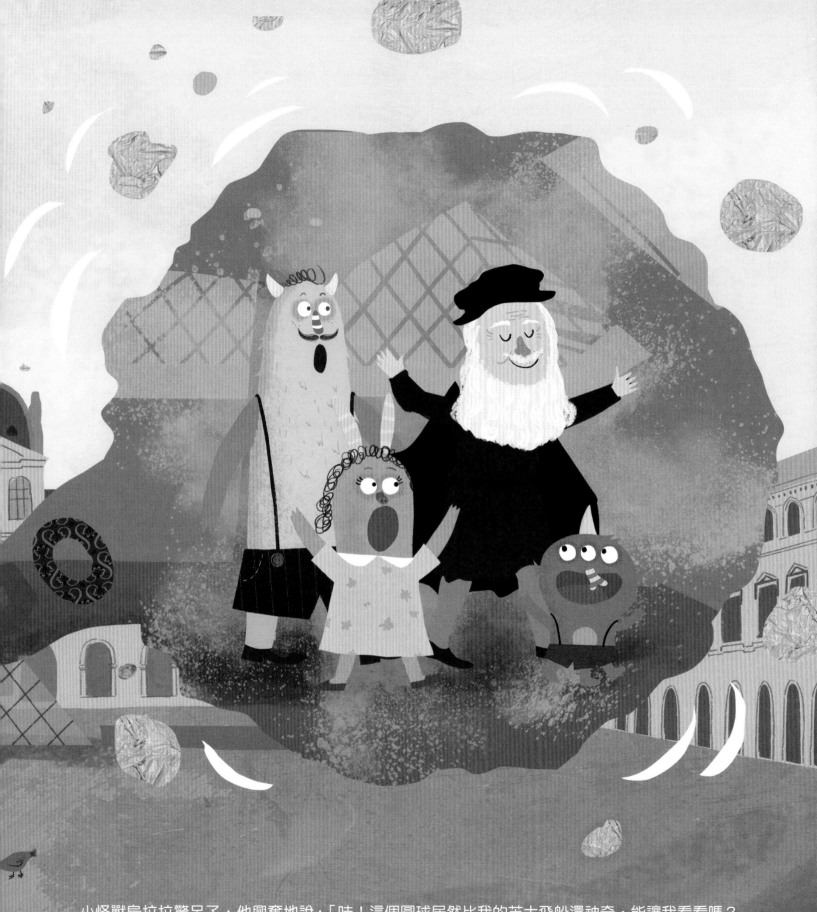

小怪獸烏拉拉驚呆了，他興奮地說：「哇！這個圓球居然比我的芝士飛船還神奇，能讓我看看嗎？」
「不行！你要是按錯了鍵可就麻煩了。快帶我去看我的畫吧。」達文西說道。

小怪獸烏拉拉不甘心地撇起了嘴，但他還是使用芝士飛船的地圖功能，定位好《蒙娜麗莎》的位置。他正準備招呼大家出發，忽然看到達文西正沿着臺階走向一尊無頭的雕塑，爸爸藍莫和媽媽艾莉也快步跟了上去。

　　「薩莫色雷斯島的勝利女神像！真是太完美了！我還以為這些古希臘的雕塑再也看不到了！」達文西興奮地掏出了一個本子，用鉛筆在認真寫着甚麼。

　　「這麼著名的勝利女神像居然沒有頭和胳膊啊。」小怪獸難掩失望。

　　「米洛的維納斯也是斷臂哦。」媽媽艾莉補充道。

雕塑《米洛的維納斯》

　　被公認為迄今為止古希臘女性雕塑中最美的一尊。它的雕刻藝術融合了希臘各派之長，達到了古希臘藝術的至高境界，整尊雕像從任何角度欣賞，都能發現某種統一而獨特的美。人們認為她與神話中愛神維納斯的身份最為相符，是美的象徵。

雕塑《薩莫色雷斯島的勝利女神》

　　出土於愛琴海東北部的薩莫色雷斯島，是古希臘時期留存下來的著名傑作，被奉為稀世珍寶。據歷史學家推測，這尊雕像是為了紀念一場海戰的勝利而創作的。

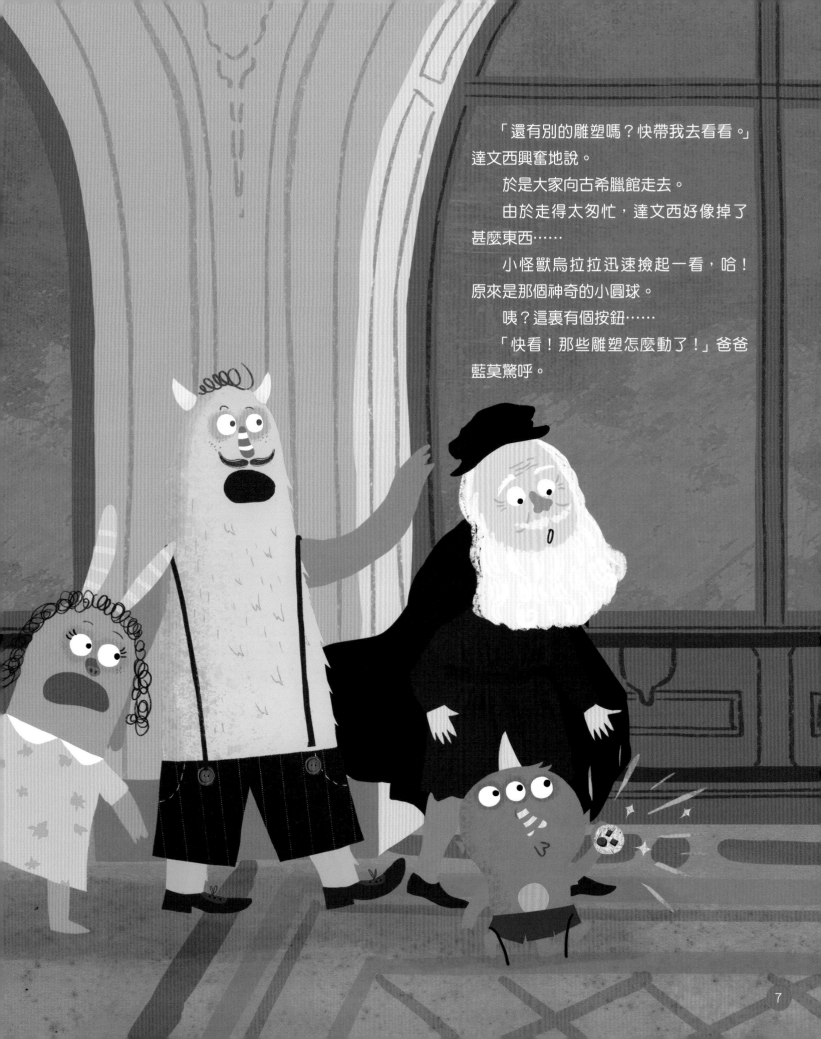

「還有別的雕塑嗎？快帶我去看看。」達文西興奮地說。

於是大家向古希臘館走去。

由於走得太匆忙，達文西好像掉了甚麼東西……

小怪獸烏拉拉迅速撿起一看，哈！原來是那個神奇的小圓球。

咦？這裏有個按鈕……

「快看！那些雕塑怎麼動了！」爸爸藍莫驚呼。

達文西看到小怪獸烏拉拉拿着小圓球，立刻明白發生了甚麼。

「快把我的東西還給我！」他焦急地說道。

這時從古埃及館方向來了一羣獅身人面的怪獸，看到達文西一行人，領頭的怪獸張開大嘴，猛撲了過來。

獅身人面像

發現於尼羅河三角洲東北部，是陵墓的守衛者。獅身人面像的頭部是以法老臉部特徵為原型雕刻而成的。

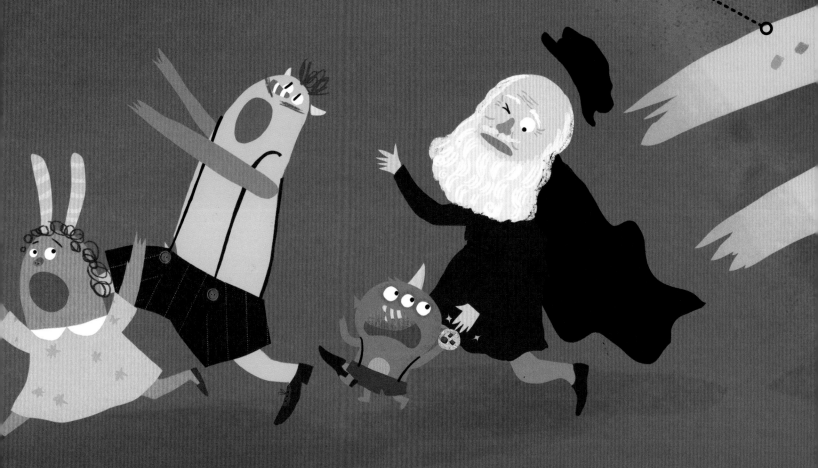

達文西一把搶過小怪獸烏拉拉手中的圓球，飛快地按下一個按鈕，怪獸們立刻被定住了。

「我們還是去看你的畫吧。」

知道自己闖了禍，小怪獸烏拉拉吐着舌頭對達文西說。

「我已經坐了五千年了，好不容易站起來活動會兒……」

走過一座人像身邊時，小怪獸烏拉拉聽見他委屈地自言自語。

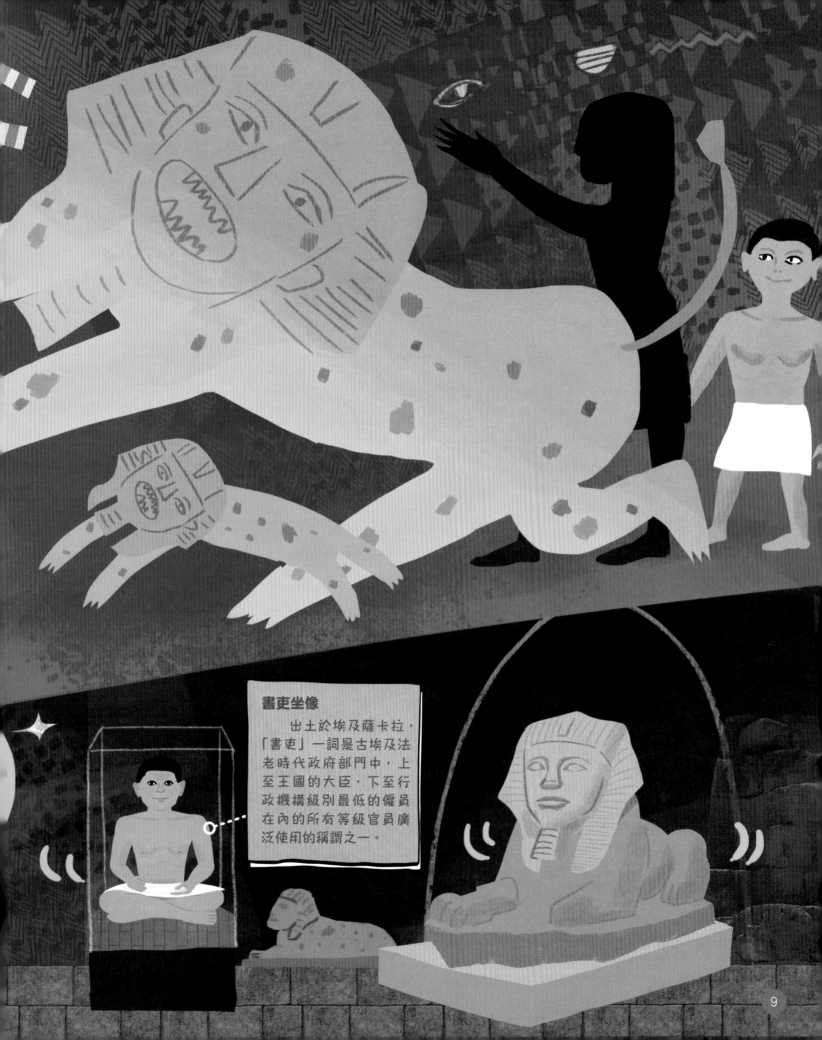

書吏坐像

　　出土於埃及薩卡拉，「書吏」一詞是古埃及法老時代政府部門中，上至王國的大臣，下至行政機構級別最低的僱員在內的所有等級官員廣泛使用的稱謂之一。

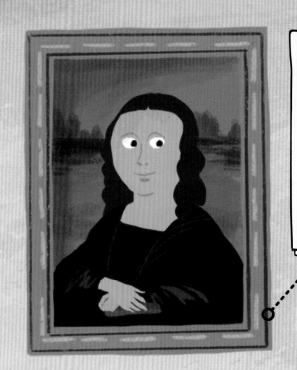

油畫《蒙娜麗莎》

　　達文西最著名的一幅代表性畫作，它體現了當時乃至現在都十分成熟的繪畫技法，超越了當時藝術所能達到的極限，讓畫面充滿變化和動感。它被譽為「世界第一名畫」，每年到羅浮宮觀賞《蒙娜麗莎》作品的人數有六百萬左右。

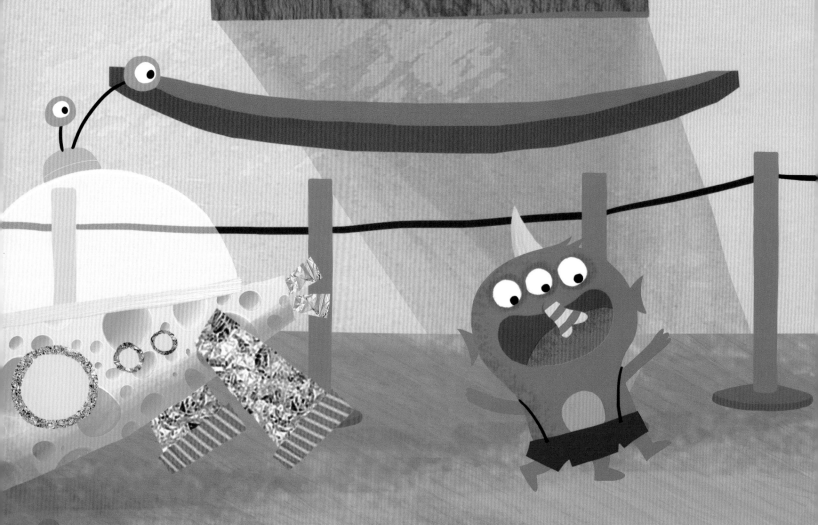

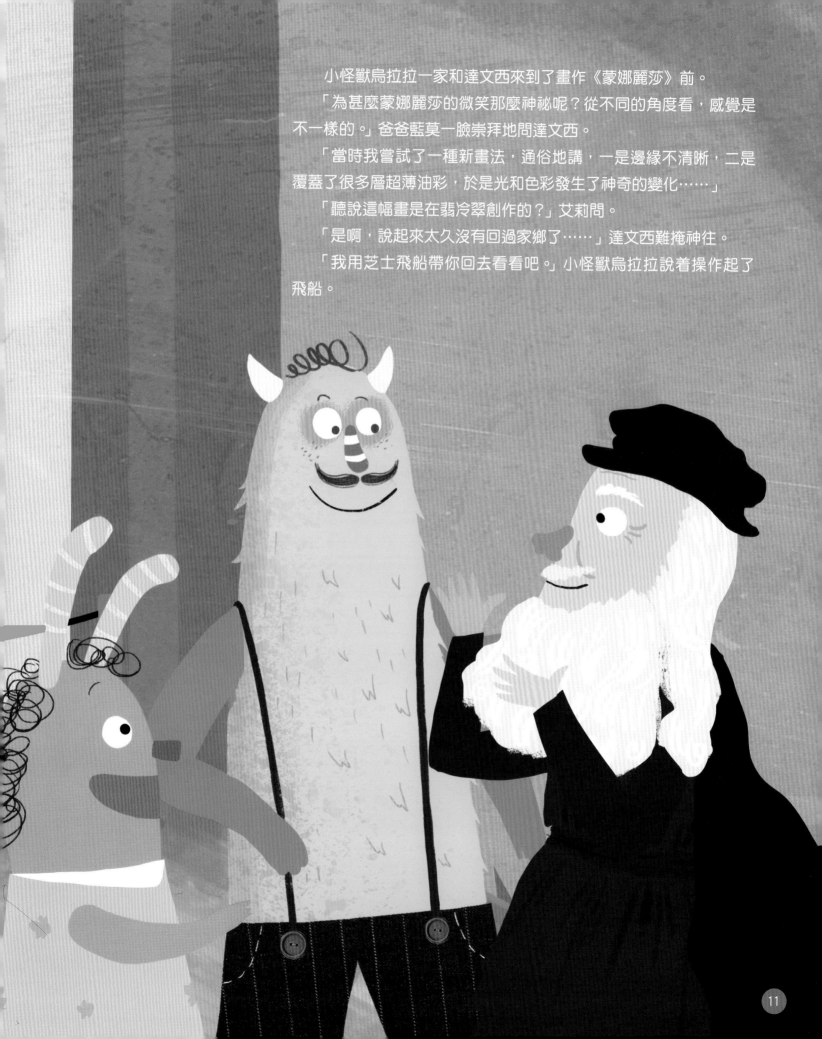

小怪獸烏拉拉一家和達文西來到了畫作《蒙娜麗莎》前。

「為甚麼蒙娜麗莎的微笑那麼神祕呢？從不同的角度看，感覺是不一樣的。」爸爸藍莫一臉崇拜地問達文西。

「當時我嘗試了一種新畫法，通俗地講，一是邊緣不清晰，二是覆蓋了很多層超薄油彩，於是光和色彩發生了神奇的變化……」

「聽說這幅畫是在翡冷翠創作的？」艾莉問。

「是啊，說起來太久沒有回過家鄉了……」達文西難掩神往。

「我用芝士飛船帶你回去看看吧。」小怪獸烏拉拉說着操作起了飛船。

轉眼間，芝士飛船帶大家來到了位於意大利翡冷翠的聖母百花大教堂門前。

「文藝復興三傑精品巡迴展……達文西、米開朗基羅、拉斐爾……」

小怪獸烏拉拉唸出了一張海報上的文字，達文西也被吸引過來。

「甚麼是文藝復興啊？」小怪獸烏拉拉好奇地問。

「這個詞是指像古希臘、古羅馬那樣，解放人的個性，創造出更多的藝術作品……」達文西詳細地解說起來。爸爸藍莫和媽媽艾莉聽得連連點頭，小怪獸烏拉拉卻似懂非懂。

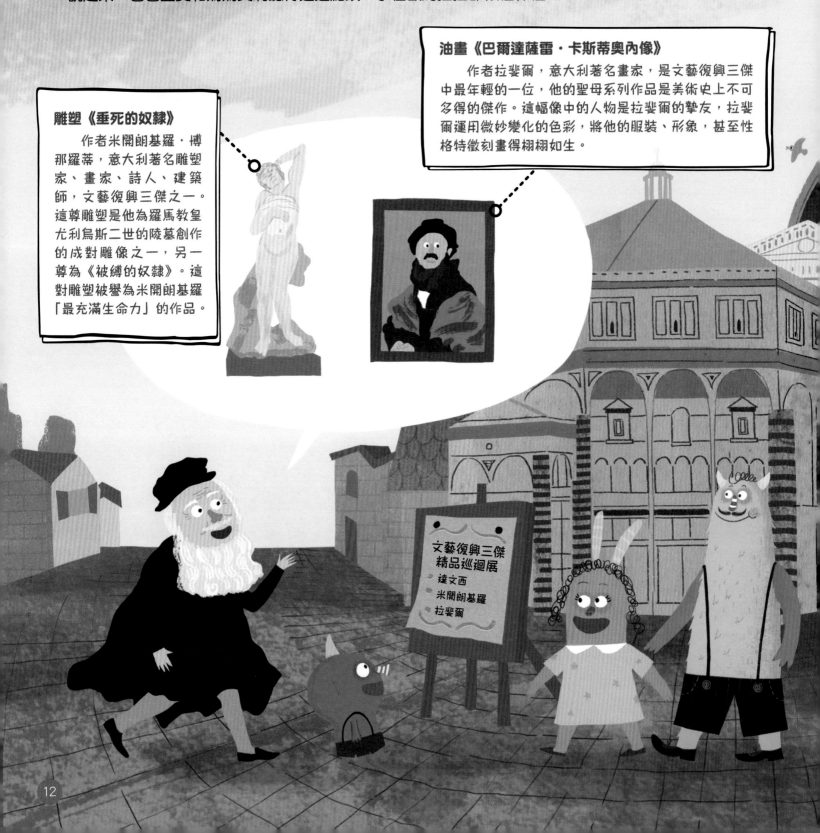

油畫《巴爾達薩雷·卡斯蒂奧內像》

作者拉斐爾，意大利著名畫家，是文藝復興三傑中最年輕的一位，他的聖母系列作品是美術史上不可多得的傑作。這幅像中的人物是拉斐爾的摯友，拉斐爾運用微妙變化的色彩，將他的服裝、形象，甚至性格特徵刻畫得栩栩如生。

雕塑《垂死的奴隸》

作者米開朗基羅·博那羅蒂，意大利著名雕塑家、畫家、詩人、建築師，文藝復興三傑之一。這尊雕塑是他為羅馬教皇尤利烏斯二世的陵墓創作的成對雕像之一，另一尊為《被縛的奴隸》。這對雕塑被譽為米開朗基羅「最充滿生命力」的作品。

文藝復興三傑
精品巡迴展
達文西
米開朗基羅
拉斐爾

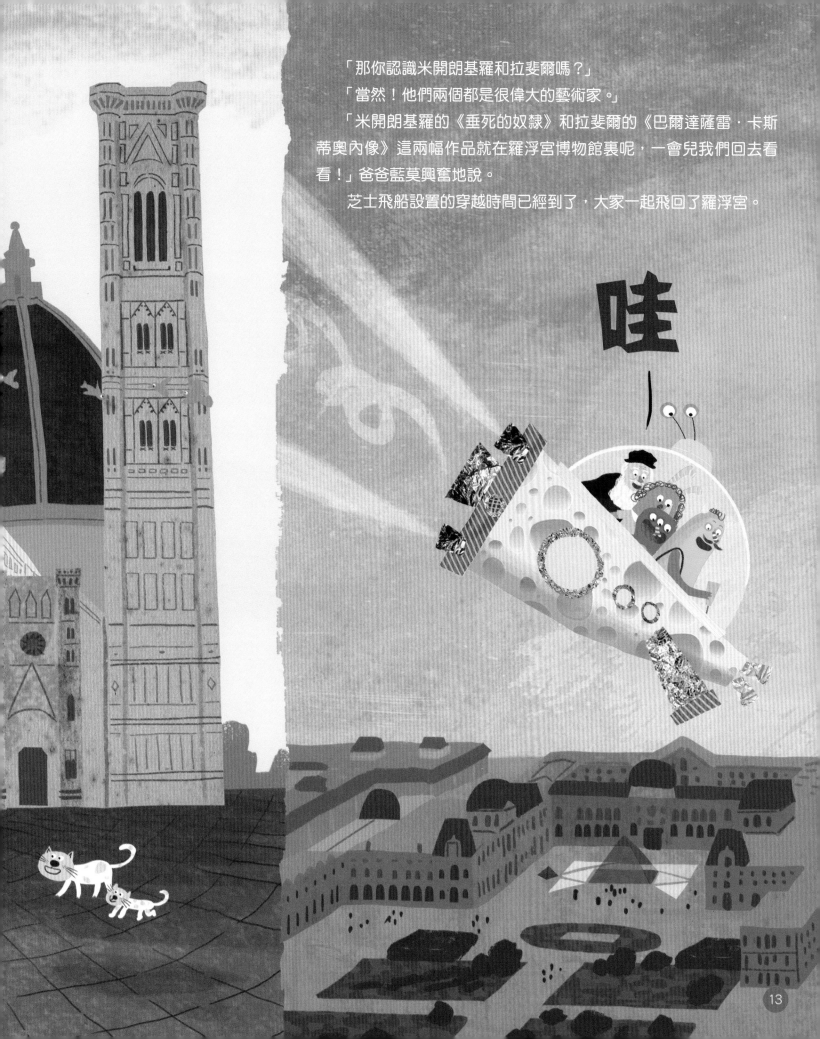

「那你認識米開朗基羅和拉斐爾嗎？」

「當然！他們兩個都是很偉大的藝術家。」

「米開朗基羅的《垂死的奴隸》和拉斐爾的《巴爾達薩雷·卡斯蒂奧內像》這兩幅作品就在羅浮宮博物館裏呢，一會兒我們回去看看！」爸爸藍莫興奮地說。

芝士飛船設置的穿越時間已經到了，大家一起飛回了羅浮宮。

哇！

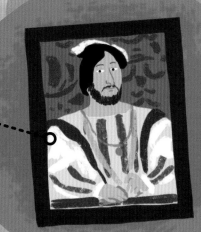

油畫《弗朗索瓦一世像》

　　作者讓·克盧埃，法國傑出的宮廷畫家。畫中的弗朗索瓦一世是一位喜愛藝術的國王，是法國歷史上最著名也最受愛戴的國王之一。他曾邀請多位大師級藝術家前來法國，包括著名的達文西，此舉為日後巴黎成為「藝術之都」奠定了基礎。

　　他們走進滿是藝術品的長廊，小怪獸烏拉拉張大嘴巴仰着頭，東看看西看看，這也太豪華了！

　　達文西停在了弗朗索瓦一世的肖像前，有些傷感地說：「我就是受到這位國王的邀請才來到法國的。那些年，我們是彼此很好的朋友……」

　　媽媽艾莉想安慰達文西，但被這幅畫像吸引了目光：「這位國王居然穿着連褲襪和高跟鞋！」

　　「不要大驚小怪啦，最早的緊身連褲襪和高跟鞋都是從歐洲男性貴族開始流行的，後來才成為女性的專利。」爸爸藍莫解釋道。

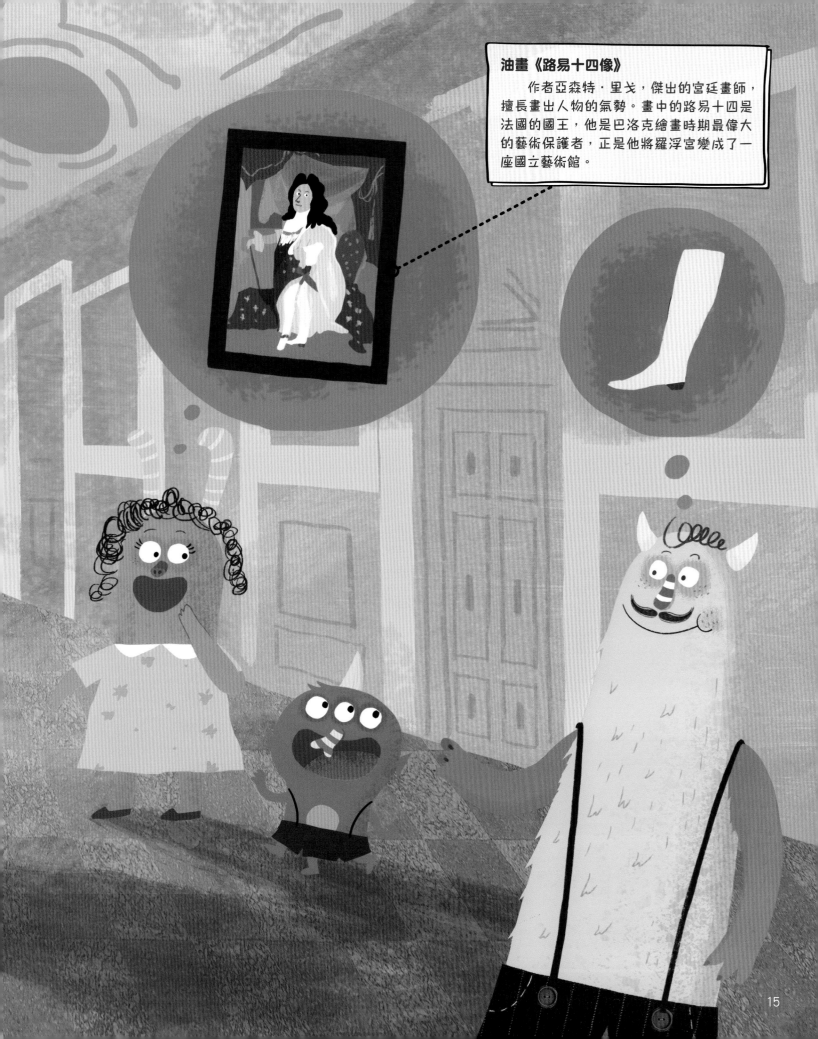

油畫《路易十四像》

　　作者亞森特・里戈，傑出的宮廷畫師，擅長畫出人物的氣勢。畫中的路易十四是法國的國王，他是巴洛克繪畫時期最偉大的藝術保護者，正是他將羅浮宮變成了一座國立藝術館。

大家來到了一幅巨型畫作前，小怪獸烏拉拉迅速在芝士飛船上搜索起來。

「這是拿破崙的加冕儀式，據說拿破崙的王冠是自己戴上去的，而不是他身後的教皇為他戴上的。但是畫裏只記錄了拿破崙給皇后加冕的瞬間。」

「這個叫拿破崙的國王還真是有個性啊！我想進去會一會他。」

說着達文西又掏出了他的神奇小圓球，「嗖」的一下，大家都走進了畫中。

油畫《拿破崙一世加冕大典》
　　作者雅克路易‧大衛，記錄了 1804 年 12 月 2 日在巴黎聖母院隆重舉行的拿破崙一世及約瑟芬王后的加冕儀式。這幅畫有一百多個人物，每個人物都有不同的服飾、姿態和表情，複雜的光影效果和色彩層次，使這幅畫成為世界著名的高難度巨幅人物組油畫。

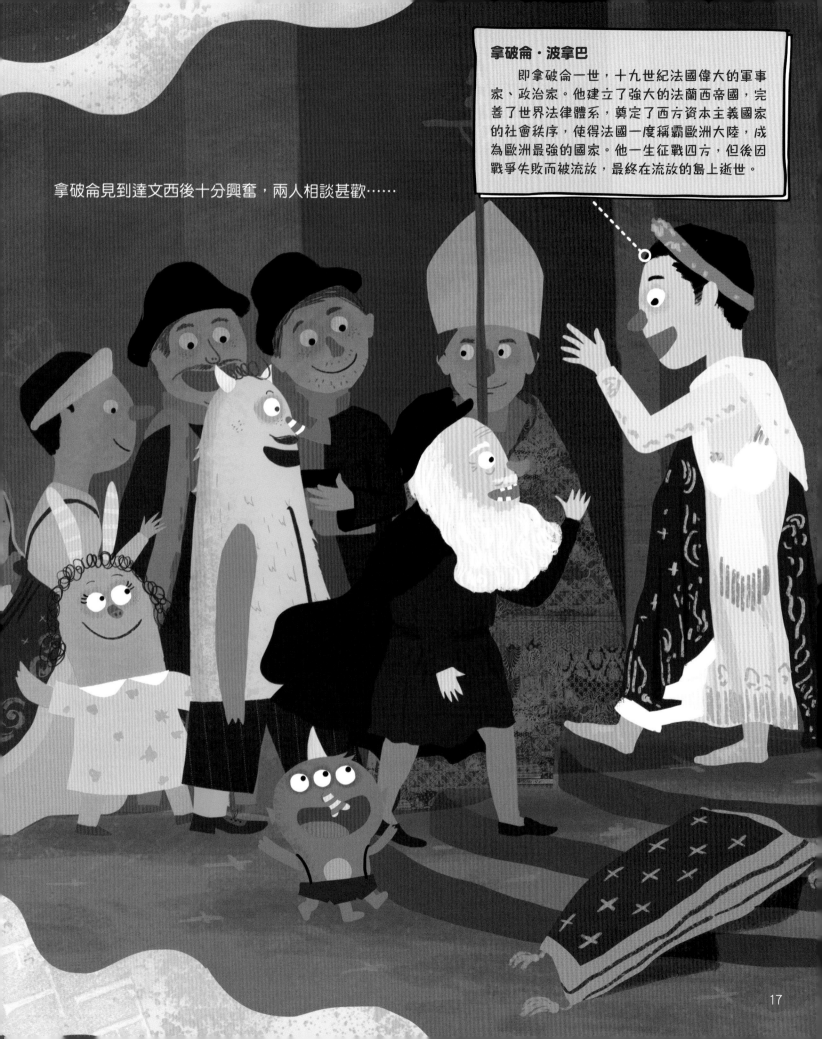

拿破崙見到達文西後十分興奮，兩人相談甚歡……

拿破崙・波拿巴

　　即拿破崙一世，十九世紀法國偉大的軍事家、政治家。他建立了強大的法蘭西帝國，完善了世界法律體系，奠定了西方資本主義國家的社會秩序，使得法國一度稱霸歐洲大陸，成為歐洲最強的國家。他一生征戰四方，但後因戰爭失敗而被流放，最終在流放的島上逝世。

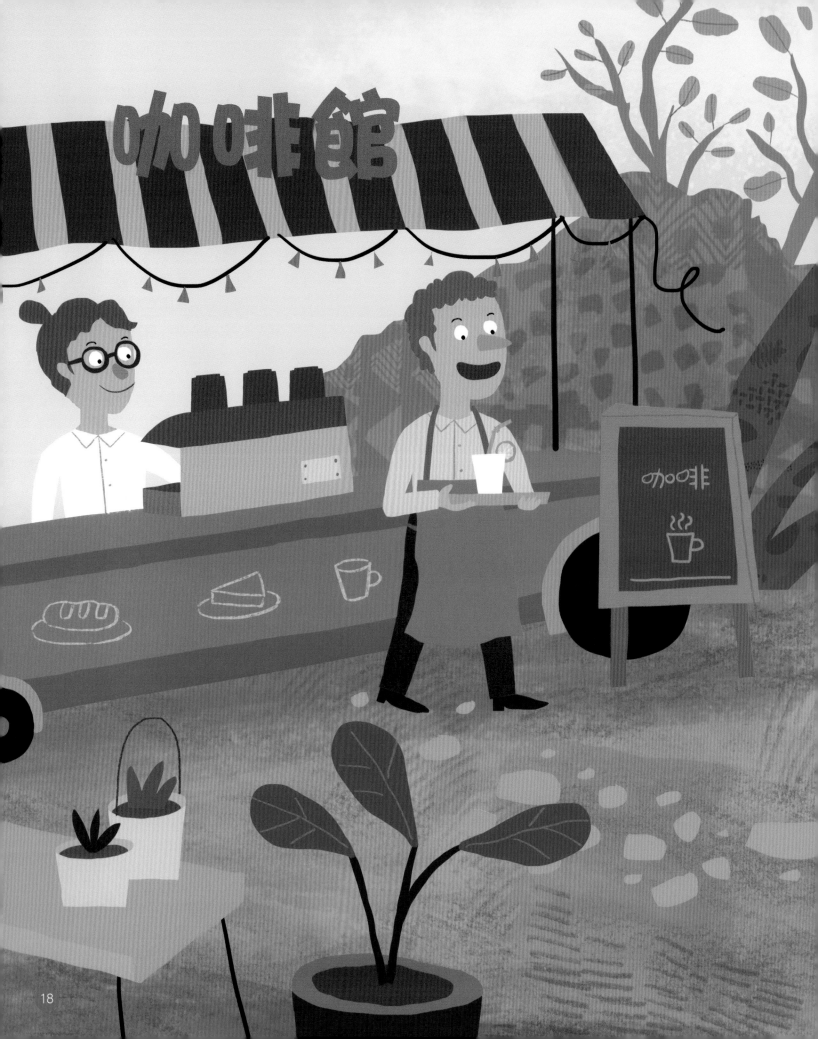

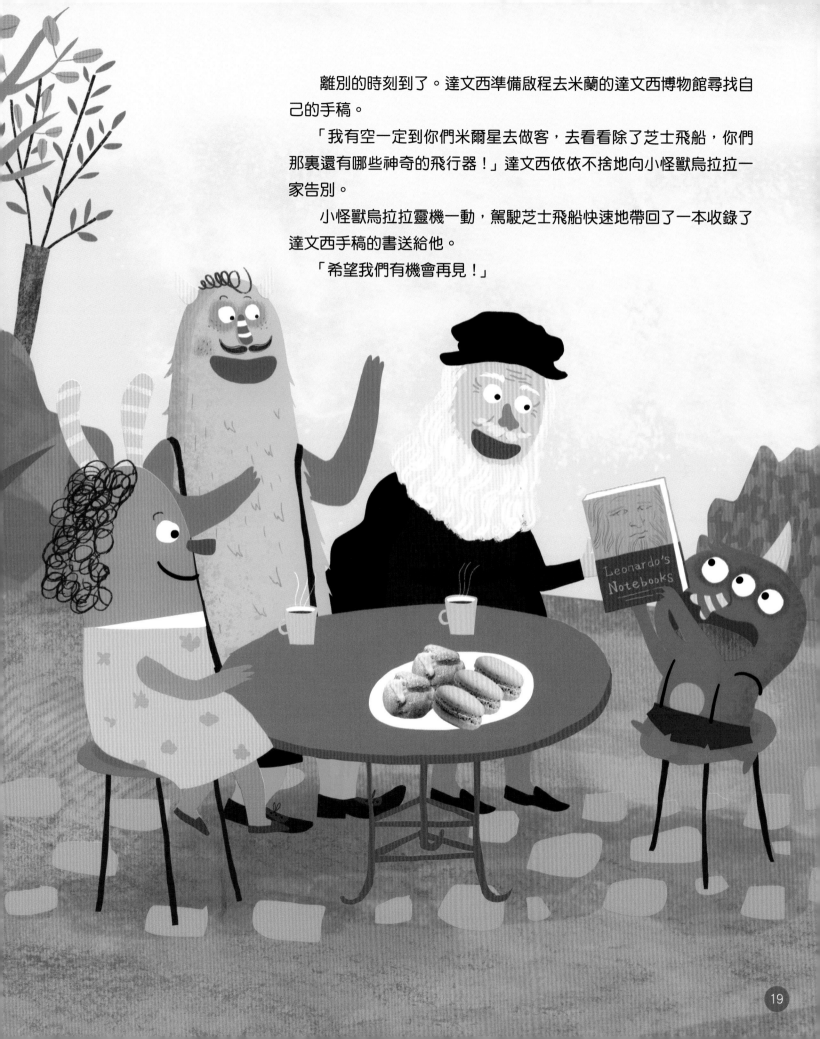

離別的時刻到了。達文西準備啟程去米蘭的達文西博物館尋找自己的手稿。

「我有空一定到你們米爾星去做客，去看看除了芝士飛船，你們那裏還有哪些神奇的飛行器！」達文西依依不捨地向小怪獸烏拉拉一家告別。

小怪獸烏拉拉靈機一動，駕駛芝士飛船快速地帶回了一本收錄了達文西手稿的書送給他。

「希望我們有機會再見！」

羅浮宮裏的文物朋友們

① 《薩莫色雷斯島的勝利女神》

作者：未知
類型：雕像，大理石為主
大小：高108.27吋
創作時期：約公元前190年
發現地點：希臘

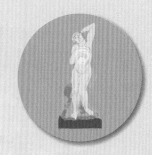

② 《米洛的維納斯》

作者：未知
類型：雕像，大理石為主
大小：高約79.5吋
創作時期：公元前二世紀末
發現地點：希臘

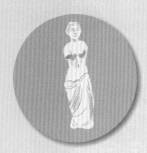

③ 獅身人面像

作者：未知
類型：雕像，花崗岩
大小：約72 x 189 x 61吋
創作時期：未知
發現地點：尼羅河三角洲

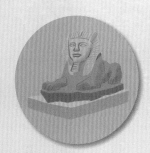

④ 書吏坐像

作者：未知
類型：雕像，石灰石
大小：高約21.14吋
創作時期：公元前2600年－前2350年
發現地點：埃及

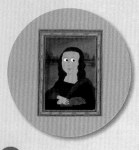

⑤ 《蒙娜麗莎》

作者：達文西
類型：帆布油畫
大小：高約32.68吋，寬約25.6吋
創作時期：約十七世紀
創作地點：未知

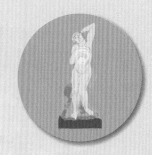

⑥ 《垂死的奴隸》

作者：米開朗基羅
類型：雕像，大理石
大小：高約89.37吋
創作時期：1513年－1515年
創作地點：意大利

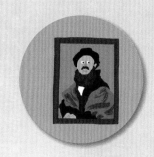

⑦ 《巴爾達薩雷·卡斯蒂奧內像》

作者：拉斐爾
類型：帆布油畫
大小：高約32吋，寬約26吋
創作時期：1514年－1515年
創作地點：意大利

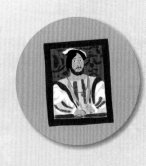

⑧ 《弗朗索瓦一世像》

作者：讓·克盧埃
類型：帆布油畫
大小：高約38吋，寬約29吋
創作時期：1530年
創作地點：法國

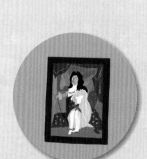

⑨ 《路易十四像》

作者：亞森特·里戈
類型：帆布油畫
大小：高約109吋，寬約76吋
創作時期：1701年
創作地點：法國

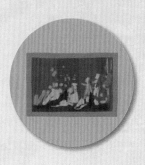

⑩ 《拿破侖一世加冕大典》

作者：雅克路易·大衛
類型：帆布油畫
大小：高約244吋，寬約385吋
創作時期：1804年
創作地點：法國

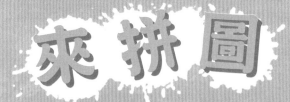

下面的拼圖順序亂了，請沿虛線把它們剪下來，
拼成正確的樣子吧。

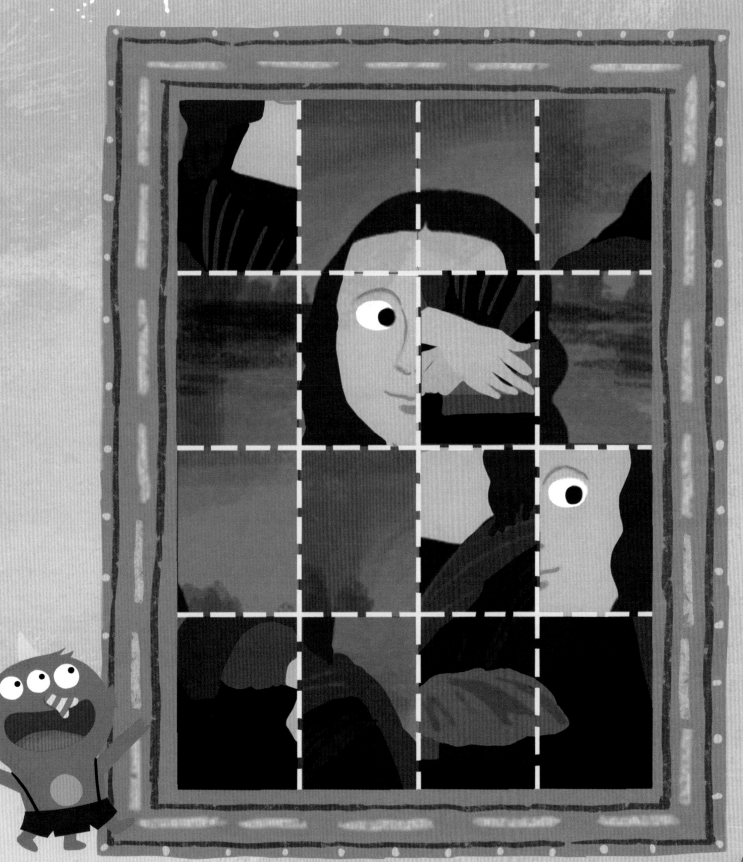

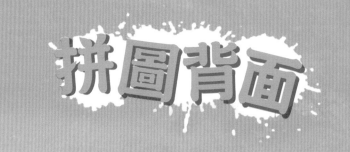

拼圖背面

找一找

小怪獸烏拉拉一家正在享用法式大餐，在餐廳中藏着 5 個馬卡龍圖案，你能找到它們嗎？

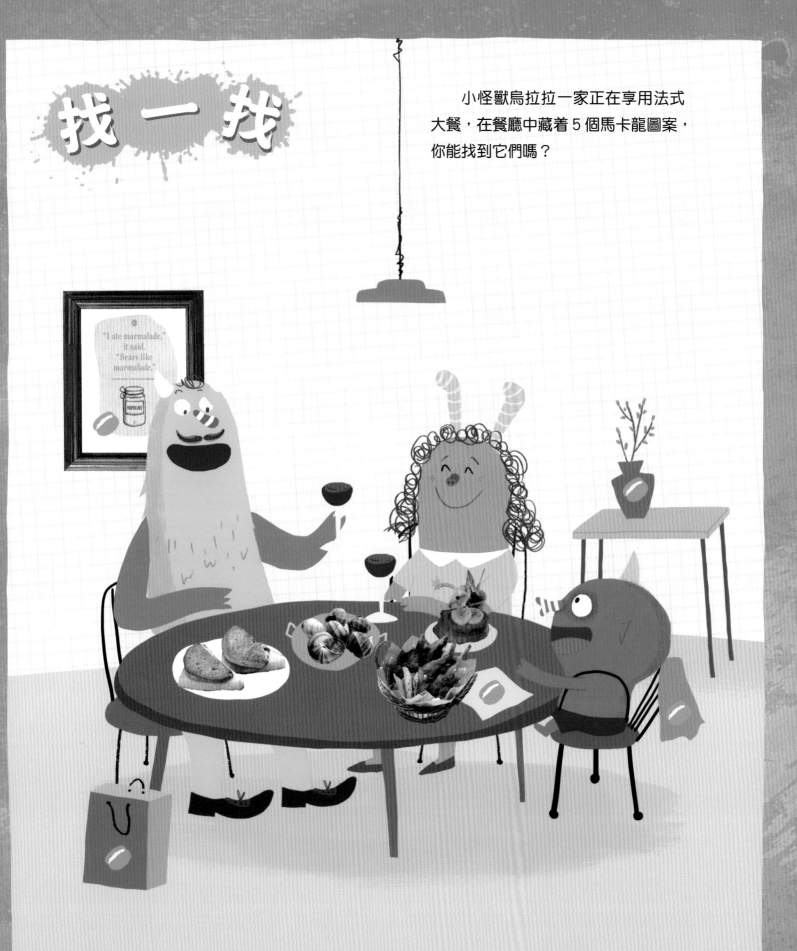

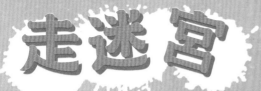

走迷宮

達文西找到手稿後要從地球返回自己的星球，請你幫他設計一條安全的飛行路線吧，記得繞開那些危險的天體哦。

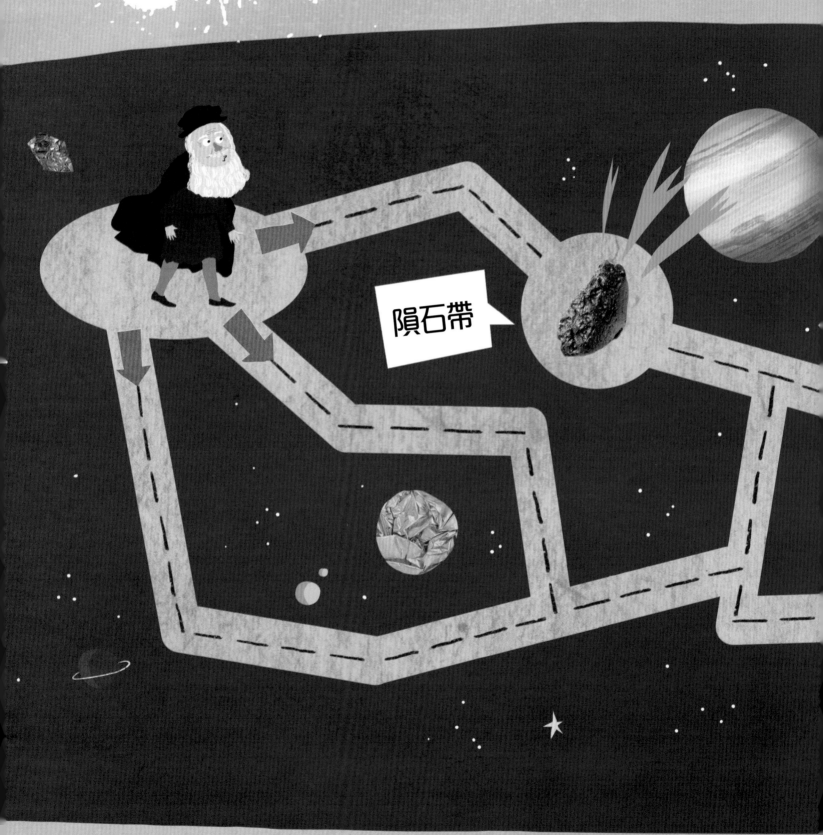

隕石帶

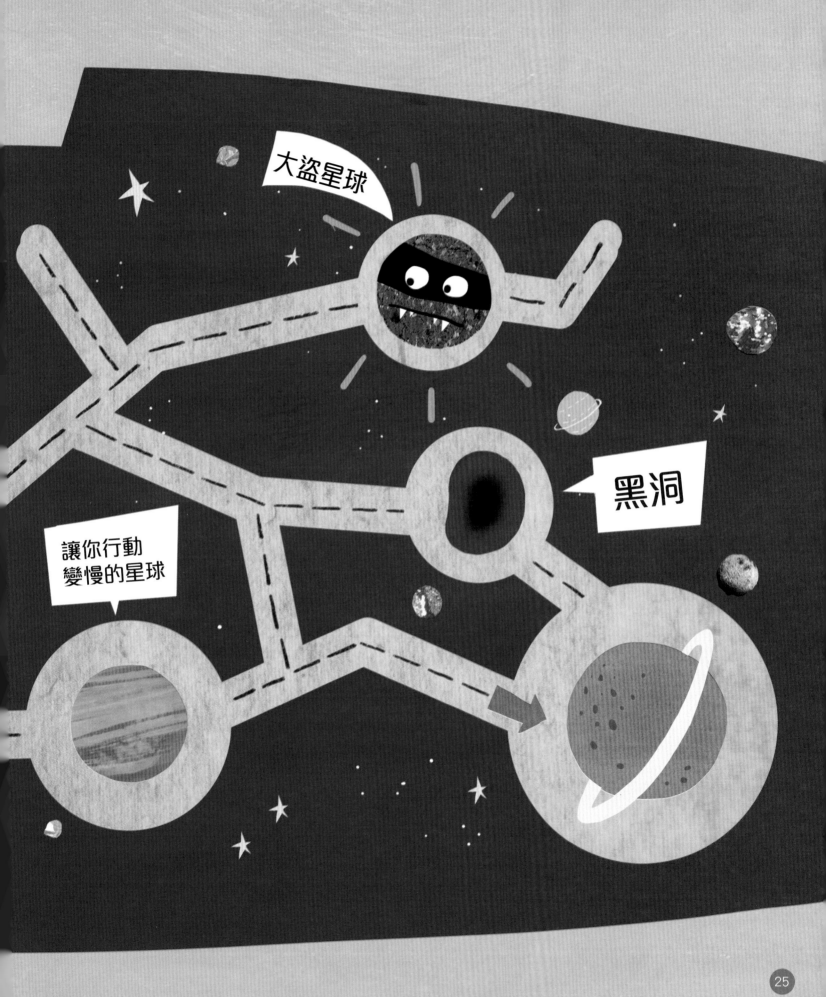

遊戲答案

1

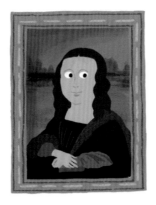

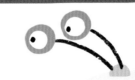

2

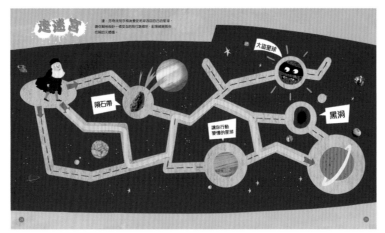

3

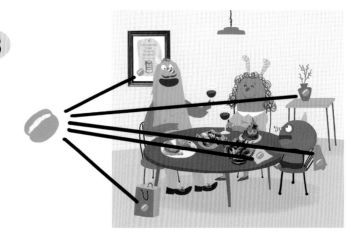

一套五冊

故宮博物院
去故宮修文物

大都會藝術博物館
寵物別跑

★ 羅浮宮博物館
奇遇達文西

冬宮博物館
孔雀巡遊記

大英博物館
西洋棋子大逃亡

更多中華教育出版資訊，請見：

FACEBOOK

中華教育

Published in Hong Kong
定價：港幣 $48
建議上架分類：兒童讀物 / 世界藝術

9 789888 760305

代理商 聯合出版
電話 02-25868596
NT: 220.

博物館的探險開始了！

外星小怪獸烏拉拉為你開啟一段穿越時空的奇妙之旅，探索世界五大博物館，
邂逅歷史名人、會說話的雕塑、可自由出入的名畫⋯⋯

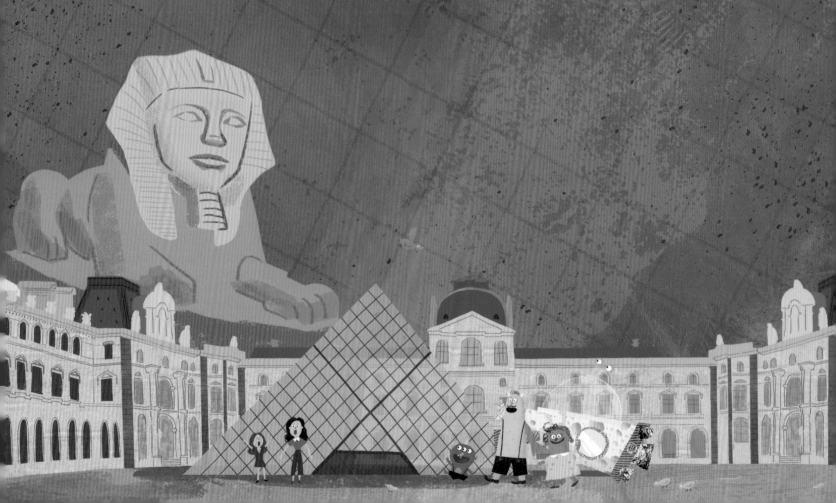

世界博物館奇妙之旅

大英博物館

西洋棋子大逃亡

黃紛紛 / 著　　布克布克 / 繪

中華教育

開啟穿越時空的人文之旅，
讓藝術和文化成為孩子的朋友！